© Text Jens Hansegård, 2019 © Illustrations Anders Nyberg, 2019
First published by Bonnier Carlsen Bokförlag, Stockholm, Sweden
Published in the Korean language by arrangement with Bonnier Rights, Stockholm, Sweden
Korean translation Copyright © 2020 Jiyangsa
Arranged through Icarias Agency, Seoul

이 책의 한국어판 저작권은 Icarias Agency를 통해 Bonnier Rights와
독점 계약한 도서출판 지양사에 있습니다.
저작권법에 의해 한국 내에서 보호를 받는 저작물이므로 무단전재와 복제를 금합니다.

지은이 **옌스 한세고드**^{Jens Hanseghrd}는 스톡홀름에서 경제 전문 언론인이자 작가로 활동하고 있습니다.
1990년대 후반부터 『팬텀』, 『세상에서 가장 힘센 곰돌이 밤세』와
다양한 디즈니 시리즈를 비롯해 수많은 만화 시리즈의 대본을 썼습니다.
스웨덴 아동·청소년 문학상인 부크유린상 2015년 최우수 논픽션 부문 수상작인
『지구에서 가장 굉장한 동물』(2012), 『지구에서 사라진 보물들』(2013)을 비롯해
『지구에서 가장 무서운 생명체』(2017)와
어린이 논픽션 시리즈 『읽기 쉬운 사실^{Latt-att-lasa fakta}』을 썼습니다.

그림을 그린 **안데슈 뉘베리**는 스웨덴의 아르비카에서 태어나 20세 때 예테보리로 이주했습니다.
예테보리 디자인공예대학에서 공부한 후, 1988년에는 핀란드 코콜라에 있는
북유럽예술학교에서 그래픽 디자인석사 학위를 받았습니다.
일러스트레이터, 그래픽 디자이너, 음악가로 활동하고 있습니다.
『지구의 신비로운 장소들』로 2015년 부크유린상 최우수 논픽션 부문을 수상했으며,
2000년에는 『자연과학에 대한 호기심』(1999)에 그린 삽화로
스웨덴 도서관협회가 주관하는 아동·청소년 논픽션 도서상인 칼 폰 린네상을 받았습니다.

옮긴이 **이유진**은 한국외국어대학교 대학원 영어영문학과와
스웨덴 스톡홀름대학교 문화미학과에서 문학석사 학위를 받았습니다.
노르웨이, 덴마크, 스웨덴의 문학작품을 우리말로 옮기고 있습니다.
옮긴 책으로 『내 안의 새는 원하는 곳으로 날아간다』, 『나에 관한 연구』, 『바보 야쿠프』,
『아드리안, 네 차례야』, 『잠에서 깨어난 집』과 '무민 연작소설' 『토베 얀손』 등이 있습니다.

지구에서 가장 놀라운 건축 이야기

옌스 한세고드 지음 · 안데슈 뉘베리 그림 / 이유진 옮김
펴낸곳: 도서출판 지양사 · 키드북 / 주소: 서울 마포구 월드컵북로 38가길 20, 102-1101
등록번호: 제8-25 / 초판 발행일: 2021년 1월 18일 / 전화: 02-324-6279 / 팩스: 02-325-3722
e-mail: jiyangsa@daum.net ISBN: 978-89-8309-718-7(77980) / 값 13,500원

＊이 도서의 국립중앙도서관 출판사도서목록(CIP)은 서지정보유통지원시스템 홈페이지(http://seoji.nl.go.kr)와
국가자료공동목록시스템(http://www.nl.go.kr/kolisnet)에서 이용하실 수 있습니다.
(CIP제어번호: CIP2020051136)

지구에서 가장 놀라운
건축 이야기

옌스 한세고드 지음 · 안데슈 뉘베리 그림 · 이유진 옮김

지양어린이

대피라미드
이집트 기자

파라오 쿠푸의 피라미드로 알려진 대*피라미드는
4,000여 년 전에 쿠푸왕이 자신의 무덤으로 지었습니다.
현재 남아 있는 70여 개의 피라미드 중 가장 규모가 커서 대피라미드라고 불립니다.
이 피라미드를 짓는 데 수만 명의 인부가 동원되었으며 20년이 걸렸다고 합니다.

2.5톤이나 되는 거대한 바윗돌을 어떻게 피라미드 꼭대기까지 옮겼을까요?
지금도 그 건축 방법을 확실히 알지 못합니다.
피라미드를 쌓은 2백만 개가 넘는 바위를 운반하는 데,
나무 썰매와 나무 경사로를 이용했을 것이라고 추측할 따름입니다.

'파라오'는 고대 이집트의 왕을 말합니다.

'고대 7대 불가사의' 가운데 하나로 꼽히는 대피라미드는
세계 7대 불가사의 중에서도 가장 원형이 잘 보존된 유적입니다.

높이가 147미터(현재는 137미터)인 피라미드는 3,000년 동안
세계에서 가장 높은 건축물이었습니다.
1311년, 영국의 어느 주교가 대성당 지붕에 뾰족탑을 세워
쿠푸의 피라미드보다 높이를 더 끌어올리기 전까지는 말이지요.

피라미드 안은 왕과 왕비의 방, 회랑과 터널, 위 아래로 난 통로,
환기통 등 굉장히 복잡한 구조로 되어 있습니다.
방과 회랑, 터널에는 쿠푸왕이 저승으로 가져갈 보물들을
놓아두었습니다.
안타깝게도 도굴꾼들이 무덤 안의 보물들을 ➜
모두 훔쳐갔습니다.

피라미드의 밑변은 230미터로, 축구 경기장 길이의 두 배가 넘습니다.

만리장성
중국 북부

만리장성은 지구상에 건설된 수많은 인공 구조물 가운데 가장 규모가 큰, 세계에서 제일 긴 장성입니다.
중국 북부 국경의 상당 부분을 차지하는 만리장성은 길이가 약 6,350킬로미터이며, 수천 년에 걸쳐 단계적으로 쌓아 올려 지금과 같은 모습이 되었습니다.

만리장성은 가장 높은 곳이 8미터이며 너비가 가장 넓은 곳은 9미터입니다.

감시하는 탑과 신호를 보내는 탑, 그리고 도시가 만리장성을 따라 세워졌습니다.
도시에는 만리장성을 지키는 병사들이 주둔했습니다.

기원전 220년, 중국 역사상 최초로 통일국가를 세운 진나라 시황제는
북부의 호전적인 민족으로부터 나라를 지키기 위해 거대한 장성을 쌓기 시작했습니다.
이후 춘추전국시대와 한나라 때에도 계속 축조되었던 장성은,
명나라 시대에 오래된 성벽을 고치고 이어서 하나의 장성으로 완성시켰습니다.
2,000년 넘게 수리하고 확장된 만리장성은 17세기에 완성된 것입니다.

이 장성을 쌓는 데 수많은 병사와 전쟁 포로, 인부들이 동원되었습니다.
그리고 축성 과정에서 수많은 사람들이 목숨을 잃었다고 합니다.

콜로세움
이탈리아 로마

콜로세움은 계단식 관중석이 방사상으로 설계된 실외 경기장입니다.

로마에는 세계에서 가장 큰 원형극장인 콜로세움이 있습니다.
서기 72년 베스파시아누스 황제가 짓기 시작해서, 서기 80년 그의 아들 티투스 황제가 완공시켰습니다.
콜로세움에는 50,000명의 관중이 들어갈 수 있는 자리가 있으며, 높이는 12층 건물과 비슷합니다.
커다란 경기장은 축구장 하나가 들어갈 정도로 큽니다.

오늘날 콜로세움은 세계에서 가장 인기 있는 관광 명소 중 하나입니다.
400년 동안 이곳에서는 전쟁 포로인 검투사와 맹수들 간에
서로 죽고 죽이는 잔인한 경기가 벌어졌습니다.
황제와 시민들이 오락이나 스포츠처럼 즐겼던 이 경기는
405년 오노리우스 황제에 의해 중단되었습니다.

콜로세움에서는 검투사들의 경기만 있었던 것이 아닙니다.
범죄자들도 이곳에서 처형되었고,
그리스도교가 박해를 받을 때는 신도들이 학살당하기도 했습니다.
때로는 모의 해전을 벌이기 위해 경기장 안을 물로 채웠습니다.

성공한 검투사는 유명 용사가 되어 많은 돈을 벌 수 있었습니다.

경기장 아래에는 검투사들의 대기 공간과 맹수들의 우리가 있었습니다.
검투사들과 야생동물들은 엘리베이터와 비밀 문을 통해,
지하에서 올라와 경기를 치렀습니다!

그레이트 짐바브웨
남부 아프리카

남부 아프리카의 짐바브웨에는 오래된 폐허 도시 그레이트 짐바브웨가 있습니다. 11세기에서 14세기까지 아프리카 원주민 쇼나족에 의해 세워진 이 유적은 부유한 무역 제국의 수도라고 알려졌습니다.
두께가 9.5미터, 높이가 11미터에 달하는 돌벽으로 둘러싸인 이 도시는 금광으로 부자가 된 쇼나족의 왕들이 지었을 것이라고 추측합니다.

15세기까지 이곳은 아프리카에서 가장 활발한 무역의 중심지였습니다.
왕들은 금과 상아를 페르시아나 중국, 인도에서 들여온 값비싼 물건들과 맞바꾸었습니다.
한창 번창할 때는 인구가 18,000명에 이르렀다고 합니다.

1531년, 유럽 사람들이 처음 발을 들여놓았을 때, 도시는 이미 버려져 있었습니다.
사람들은 그 까닭을 알지 못했습니다.
아마도 가뭄이나 질병 또는 황금이 바닥났기 때문일 것이라 추측합니다.

앙코르와트
캄보디아

캄보디아에는 세계에서 가장 큰 사원 중 하나인 앙코르와트가 있습니다. 앙코르와트는 12세기 초, 크메르 왕국의 전성기를 이끈 수리야바르만 2세가 죽은 후에 힌두교의 신 비슈누와 합해지기 위해 지은 건축물입니다. 이 거대한 건물을 짓는 데 인부 300,000명과 코끼리 6,000마리가 필요했다고 합니다.

국기에도 들어갈 만큼 앙코르와트는 캄보디아를 대표하는 문화유산입니다.

*사원의 크기는,
세계에서 두 번째로 작은 나라인 모나코 면적과 비슷합니다.*

사원은 힌두교의 우주관을 상징하고 있는데, 한가운데에 있는 탑은 신들이 사는 메루산을 나타냅니다.
주변의 탑들은 산맥을, 너비가 200미터인 해자는 바다를 나타내며, 안뜰은 대륙을 의미합니다.

앙코르와트의 건설은 크메르인들의 뛰어난 기술과 과학의 결정체라고 할 수 있습니다.
우기와 건기가 반복되는 기후 때문에 짓는 도중 건물이 계속 무너져 내리자,
크메르인들은 거대한 해자를 만들어 수위를 안정시켰습니다.
이 일대가 늪지대였기 때문에 땅을 10미터 깊이로 파 모래와 자갈, 진흙을 차례로 메우고
막대로 단단하게 다지는 작업을 끊임없이 반복했다고 합니다.
중앙 사원의 벽을 따라가면,
위대한 영웅들이 악마나 초자연적 존재들과 전투를 벌이는 부조상을 볼 수 있습니다.
마치 돌에 새긴 800미터 길이의 만화책을 보는 것 같습니다.

해마다 2백만 명이 넘는 사람들이 이 사원을 찾아옵니다.

피사의사탑
이탈리아 피사

로마제국의 상업과 군사 요충지였던 피사는 11세기부터
그리스, 이집트, 콘스탄티노플 등과 활발하게 무역을 해 왔습니다.
로마가 사라센 왕국과의 전쟁에서 승리를 거두자 피사는 그 전리품으로
두오모 광장에 대성당과 사탑, 묘지와 같은 교회 건축물을 지었습니다.
중세 건축의 걸작이라 부를 만큼 아름다운 건축물들이 들어서자
사람들은 두오모 광장을 '기적의 광장'이라고 불렀습니다.

피사의사탑은 피사 대성당에 딸린 종탑으로 흰 대리석 원통형의 8층 탑입니다.
높이가 약 56미터, 지름이 15.5미터인 종탑은 입구에서 종이 매달린 꼭대기까지
294개의 나선형 계단으로 연결되어 있습니다.
중심축에서부터 각도가 5.5도 기울어져 있는 피사의사탑은
곧 쓰러질 것 같은 모습이지만, '쓰러지지 않는다'는 것으로 유명해졌습니다.

1173년 처음 짓기 시작해서 1372년에 세 번째 공사를 끝맺을 때까지,
이 탑을 짓는 데 거의 200년이 걸렸습니다.
처음에는 100미터 이상 높게 지으려고 했지만, 몇 년 지나지 않아 남쪽으로
탑이 2.5센티미터 기울었다는 것을 알았습니다. 지반이 약했기 때문이었지요!
당시 이 지역에서는 전쟁이 빈번했는데, 이것이 오히려 다행스러운 일이었습니다.
전쟁 때문에 공사가 중단되면서 탑이 늪지에 자리잡기까지 100년이 걸렸으니까요.
만일 멈추지 않고 계속 지었다면, 탑이 무너졌을지도 모릅니다.

1930년대에 독재자 무솔리니는 이 탑을 이탈리아의 수치라고 생각했습니다.
무솔리니는 탑을 똑바로 세우려고 했지만, 성공하지 못했습니다.
1990년대에 사람들은 무려 4.5미터나 기울어진 탑을 다시 세우기 위해
최첨단 기술을 총동원했고, 겨우 23센티미터만 되돌려 놓을 수 있었습니다.

노트르담대성당
프랑스 파리

약 1,000년 전, 중세 서유럽의 도시들은 누가 가장 높은 성당을 지을 수 있는지 경쟁했습니다.
이 시기에는 교회 건축을 중심으로 고딕 양식이 유행했는데,
높은 건물과 가늘고 뾰족한 첨탑, 거대한 스테인드글라스가 특징이었습니다.

고딕 양식의 성당 중 가장 유명한
파리의 노트르담대성당은 1163년에
짓기 시작해서 1345년에 완공될 때까지,
거의 180여 년이 걸렸습니다.
이 대성당은 이집트의 피라미드보다 크고,
자유의 여신상이 통째로 들어갈 만큼
웅장합니다.

19세기 초 황폐해진 대성당을 철거하려고
했지만, 빅토르 위고는 소설
『파리의 노트르담』을 써서 성당에 대한
사람들의 관심을 불러일으켰습니다.
그 덕분에 모금 운동이 일어나
지금의 모습으로 대성당을
복원시킬 수 있었습니다.

*2019년 4월, 노트르담대성당에 불이 나
뾰족탑과 지붕의 상당 부분이 탔습니다.
프랑스에서는 지금 다시 대성당
재건을 위한 모금이 시작되고 있습니다.
현대적으로 복원하자는 의견도 있지만,
대부분의 사람들은 대성당이
원래의 모습을 되찾기를 바랍니다.*

노트르담대성당 바깥 벽에는 다양한 괴물들을 나타내는
수백 개의 작은 조각상들이 장식되어 있습니다.
이 이무깃돌은 악령들을 놀라게 해 쫓아내는 역할을
합니다. 또 대성당 지붕에서 흘러내리는 빗물을
밑으로 흘려보내기도 합니다.

노트르담대성당에는 종이 여러 개 있습니다.
작은 종의 무게는 2~3톤, 가장 큰 종의 무게는 13톤이나 됩니다.
가장 널리 알려진 종치기는 빅토르 위고의 소설
『파리의 노트르담』에 나오는 주인공, 콰지모도입니다.

마추픽추
페루 안데스산맥

16세기에 스페인 사람들이 잉카제국을 정복했을 때, 정복자들은 2,400미터 높이에 있는 이 도시를 찾지 못했습니다. 잉카 사람들은 이 도시의 위치를 알리지 않았고, 그 때문에 도시는 사람들에게 잊혀졌습니다.

안데스산맥의 험난한 산꼭대기에는 수백 년 동안 자취를 감췄던 도시가 있습니다.
태양의 도시, 마추픽추입니다.
마추픽추는 잉카제국이 남아메리카에서 가장 강성했던 1450년 무렵,
쿠스코 왕조의 아홉 번째 왕이었던 파차쿠티가 지은 것으로 알려져 있습니다.
1911년 발견되기 전까지, 수풀 속에 파묻힌 채 잊혀졌던 '잃어버린 도시',
공중에서만 그 존재를 확인할 수 있었으므로 '공중 도시'라고도 불립니다.

잉카 사람들이 돌을 다루는 기술은 매우 뛰어나서,
모르타르를 쓰지 않고도 물샐 틈 없이 바위를 잘라 맞추어 돌담을 쌓았습니다.
바퀴를 사용하지 않았고, 짐을 끌 만한 힘센 동물도 없었기 때문에,
사람들이 무거운 돌을 산 위로 운반해서 마추픽추를 지었을 것이라고 추측합니다.

돌로 만든 정교한 수로와 거대한 신전, 나침반과 해시계, 가파른 산을 깎아 만든 계단식 경작지,
저장한 감자가 6년 동안이나 썩지 않았다는 자연 냉장고 등.
잉카 사람들의 놀라운 건축술의 비밀은 지금도 풀리지 않는 수수께끼입니다.

하이럼 빙엄은 1911년에 마추픽추를 '발견'한
미국의 모험가이자 고고학자입니다.
파블리토라는 농장 소년이 빙엄에게
마추픽추로 가는 길을 알려 주었습니다.
그래서 이 도시를 발견한 사람은
사실상 파블리토라고 할 수 있습니다!

성바실리대성당
러시아 모스크바

모스크바 붉은광장에 있는 성바실리대성당은
커다란 양파 모양의 둥근 지붕들과 화려한 벽 때문에 세계적으로 유명합니다.
성바실리대성당의 돔들은 마치 불꽃이 솟아오르는 듯한 모양을 하고 있는데,
17세기에 최고조를 이룬 러시아 전통 건축 양식의 원형을 보여 주고 있습니다.

이 성당은 러시아 역사상 가장 포악한 황제였던 모스크바대공국의 이반 4세가
전쟁의 승리를 축하하려고 1555년부터 1561년까지 지었습니다.
전설에 따르면, 이반 4세는 대성당을 설계한 건축가의 두 눈을 멀게 했다고 합니다.
다른 곳에서 더 멋진 성당을 짓지 못하도록 하기 위해서이지요.

19세기에 프랑스 황제 나폴레옹이 모스크바를 정복했을 때,
프랑스 군인들은 대성당을 마굿간으로 사용했고, 값나가는 보물들을 약탈해 갔습니다.
나폴레옹은 성당을 통째로 파리로 옮기고 싶었지만, 그건 너무 복잡한 일이었습니다.
그래서 성당을 폭파하기로 했는데, 다행히 프랑스군은 그럴 겨를이 없었습니다!

100년이 지나 소비에트연방이 들어섰을 때,
볼세비키 지도부는 대성당을 파괴하려고 했습니다.
그러나 문화재를 보존해야 한다는 목소리가 커지면서 성당은 철거되지 않았지만,
성당의 종들은 모두 녹여서 없앴습니다.
겨우 종 하나가 무사했는데, 아직도 이 종은 16세기와 똑같은 소리를 내고 있습니다.

대성당은 작은 회랑들과 통로, 작은 성당 9개가 중앙의 첨탑을 둘러싸고 있는 구조입니다.

타지마할
인도 아그라

인도 북부의 아그라에 있는 타지마할은 세계에서 가장 유명한 이슬람 건축물 중 하나입니다. 타지마할은 세계에서 가장 거대하면서 아름다운 무덤입니다.

이곳에는 무굴제국의 황제 샤 자한과 아내 뭄타즈 마할이 잠들어 있습니다.
황제가 가장 사랑했던 왕비 뭄타즈는 열네 번째 아들을 낳은 후 세상을 떠났습니다.
슬픔을 참을 수 없었던 황제는 아내와 자신을 위해 웅장한 무덤을 짓기 시작했습니다.

타지마할을 짓는 일은 17세기를 통틀어 가장 큰 공사 중 하나였습니다.
코끼리 수천 마리가 중국과 아프가니스탄에서 흰 대리석을 실어 오고,
터키석과 다이아몬드, 산호나 마노 같은 보석들을 외국에서 사들여 묘지를 장식했습니다.
이것들을 망치와 끌로 깎기 위해 인부 2만 명이 필요했고, 공사를 마치는 데 22년이 걸렸습니다.

건물 전체가 흰 대리석으로 만들어진 타지마할은 동서남북 어디에서 보아도 완벽한 대칭을 이룹니다.
거대한 정사각형 정원 안에 16개의 정사각형 정원이 자리한 타지마할 정원은
기하학에 기초하여 시각 효과를 극대화했습니다.

값비싼 보석으로 장식된 타지마할은 끊임없이 도굴꾼과 침략자들의 약탈 대상이 되었습니다.
인도를 지배했던 영국을 비롯해서 서구 열강들의 박물관과 개인 저택에는
타지마할에서 약탈해 간 수많은 보석들이 지금도 보관되어 있습니다.

오늘날 타지마할은 날마다 6만 명이 찾아오는 관광 명소입니다.

인도의 마지막 이슬람 제국이었던 무굴제국 황제들은
1526년부터 1858년까지 인도를 통치했습니다.

흰 대리석이 빛을 반사하는 방식 때문에 타지마할은 수시로 색깔이 바뀝니다.
아침에는 분홍색, 낮에는 흰색, 달 밝은 밤에는 황금빛으로.

히말라야의 부탄에는 탁상 사원[Thaktsang Goenpa]이 있습니다.
이 사원은 해발고도 3,140미터의 절벽에 자리잡은 부탄 최고의 불교 성지입니다.

벽을 하얗게 회칠하고 지붕에 금박을 입힌 사원은 거대한 바위산에 달라붙은 모습입니다.
절벽을 따라 돌계단을 딛고 올라가면 건물들 사이로 좁은 나무다리가 나 있습니다.
발코니와 건물들이 절벽에서 튀어나와 있는데, 그 아래로는 골짜기의 아찔한 전망이 펼쳐집니다.

전설에 따르면 8세기에 구루(불교에서 '스승'을 뜻하는 말)인 파드마삼바바가
하늘을 나는 호랑이를 타고 이 산으로 내려와, 동굴 속에서 명상 수행을 했다고 합니다.
탁상 사원은 호랑이가 내려온 자리에 사원을 지었다 해서 '호랑이 둥지'[Tiger's Nest]라고도 불립니다.

1692년, 부탄의 4대 군주였던 드룩 데시 텐진 랍계는 탁상에 사원을 세우라고 명했습니다.
최초의 사원은 1694년에 완공되었는데, 1998년 화재가 난 이후 열두 채의 사원으로 복원되었습니다.
수많은 조상, 회화, 유물들을 소장하고 있는 탁상 사원에서 가장 성스러운 장소는
파드마삼바바가 수행을 했다는 동굴입니다.

'호랑이 둥지'는 접근하기 매우 어렵습니다.
사원으로 가려면 무서울 정도로 가파른 산길을 따라 900미터 이상 올라가야 합니다.

호랑이 등에서 내리자,
파드마삼바바는 동굴에 앉아
3년 3개월 3주 3시간동안
명상 수행을 했습니다.

윈체스터 미스터리 하우스
미국 캘리포니아주 샌호제이

160개의 방과 미로로 이루어져 있는 이 이상한 집은 19세기의 부자 사라 윈체스터가 지었습니다.
사라 윈체스터는 무기 제조업으로 엄청난 부를 쌓아 올린 윌리엄 윈체스터의 부인입니다.
그녀는 남편과 딸을 잃은 슬픔을 달래기 위해 이 집을 지었습니다.

사라는 이 집에 유령이 나온다고 믿었습니다.
그 유령들은 윈체스터 권총에 죽은 수많은 북아메리카 원주민들의 영혼이었습니다.
영적 세계와 접속할 수 있다는 어떤 사람이 말했습니다.
유령의 출몰을 피하는 유일한 방법은 집 짓는 일을 멈추지 않는 것이라고!

사라는 목수 22명을 고용해서 1884년부터 1922년까지 무려 38년 동안 집을 지었습니다.
이 집에는 40개의 침실과 2개의 무도회장을 포함해서 160개의 방과 17개의 굴뚝,
3개의 엘리베이터, 10,000개의 창문이 있습니다.

집을 짓기 위해 사라는 아무런 계획도 세우지 않았습니다.
그 결과 긴 복도와 어두운 홀, 비스듬한 바닥과 어디로도 통하지 않는 나선형 계단,
벽이나 바깥 허공으로 나 있는 문과 같이 집의 구조는 뒤죽박죽이 되었습니다.
이 집에서는 가이드가 없으면 길을 잃기 쉬운데,
사라 윈체스터는 원한을 품은 영혼들이 길을 잃고 헤매기를 바랐던 것입니다.

사라는 1922년에 세상을 떠났고, 공사는 곧바로 중단되었습니다.

사라는 영혼들을 헷갈리게 만들려고 매일 밤마다 침실을 바꿔 썼습니다!
2016년이 되어서야 비밀 공간이 하나 더 발견되었습니다. 오르간과 낡은 소파, 그림들이 숨겨진 다락방이었습니다.

에펠탑
프랑스 파리

에펠탑은 프랑스 파리에서 가장 인기 있는 관광 명소이자
세계적으로 유명한 건축물 중 하나입니다.
300미터 높이의 이 굉장한 탑은 1930년 크라이슬러 빌딩이 뉴욕에 세워지기 전까지
세계에서 가장 높은 건축물이었습니다.

1889년 파리에서는 프랑스혁명 100주년을 기념하는 만국박람회장의 입구를
가장 웅장하게 보이게 할 건축물 공모전이 열렸습니다.
여기에 공학자이자 철제 구조물 전문가였던 귀스타브 에펠이 출품한 '에펠탑'이 뽑혔습니다.

에펠탑은 18,038개의 철조각과 250만 개의 못을 사용해서 25개월 만에 세워졌습니다.
건설될 당시의 높이는 300미터였지만 철탑과 안테나 때문에 현재 324미터가 되었습니다.
원래 에펠탑은 박람회가 끝나고 20년 뒤에 철거할 예정이었지만
그 높이 때문에 무선통신과 기상관측 등 과학 실험에 활용되면서 살아남았습니다.

당시 파리 시민들은 철제물로 된 이 탑을 보기 흉하다고 생각했습니다.
모파상은 에펠탑이 보기 싫어서 파리 시내에서 에펠탑이 안 보이는 유일한 곳인
탑 안의 레스토랑에서만 식사를 했다고 합니다.
세월이 지나면서 탑의 존재에 시민들이 익숙해지자,
에펠탑은 파리를 대표하는 명물로 사랑을 받게 되었습니다.

20세기에 일어난 여러 전쟁에서도 프랑스 군의 군사 통신에 큰 역할을 담당했던
에펠탑은 이제 프랑스의 상징이 되었습니다.
1985년, 조명 시설들을 설치하면서 에펠탑은 아름다운 야경으로 더 유명해졌습니다.

귀스타브 에펠은 탑의 거의 300미터 되는 높이에 비밀 공간을 만들었습니다. 에펠은 19세기 풍의 칙칙한 벽지와 유화, 그랜드피아노와 책장 등으로 이 공간을 꾸몄습니다.
여기에는 금속 실험을 할 수 있는 작은 실험실도 있습니다.

귀스타브 에펠은 뉴욕을 상징하는 건축물인 「자유의 여신상」을 조립할 철제 구조물도 만들었습니다.

에펠탑은 7년마다 색을 칠하는데, 페인트 60톤이 필요다고 합니다!
때로는 보라색, 때로는 노란색을 칠했고, 요즘은 청동색을 칠합니다.

엠파이어스테이트빌딩
미국 뉴욕 시

엠파이어스테이트빌딩은 뉴욕 시의 마천루입니다.
높이 381미터(안테나 포함 449미터), 102층의 이 빌딩은 1931년 개관 이후
110층짜리 세계무역센터가 1972년 세워지기 전까지 세계에서 가장 높은 건축물이었습니다.

6만 톤의 강철과 1,000만 개의 벽돌이 들어간 이 마천루는
약 3,400명의 인원이 410일 걸려 지었습니다.
대공황 시기라 짧은 기간에 적은 비용을 들였지만, 빌딩은 아주 튼튼하게 지어졌습니다.
1945년, B-25 폭격기가 실수로 79층을 들이받고 추락했지만, 이 빌딩은 멀쩡했다고 합니다.

엠파이어스테이트빌딩은 1933년에 세계적으로 유명해졌습니다.
크게 인기를 얻은 영화 「킹콩」에서 마지막 싸움이 이 마천루 위에서 벌어진 것입니다.
주인공 고릴라는 빌딩 꼭대기에 올라갔지만, 군용기들의 무차별 사격에 쓰러지고 맙니다.

해마다 86층까지 계단을 오르는 대회가 열립니다.
대회 최고 기록은 9분 33초이고, 층계는 총 1,576개입니다.

맑은 날, 이 마천루의 가장 높은 곳에 서 있으면
멀리 130킬로미터나 떨어진 곳까지 볼 수 있습니다.
그러나 날씨가 나쁠 때에는
사람들이 그곳에 있는 것을 피합니다.
엠파이어스테이트빌딩에는
1년에 번개가 약 23번이나 치거든요.

후버댐
미국 콜로라도강

6톤짜리 무게의 코끼리가 100만 마리 있다고 상상해 보세요!
세계에서 가장 거대한 콘크리트 구조물 중 하나인 후버댐을 짓는 데 들어간
콘크리트 무게가 무려 600만 톤이랍니다.
이 양은 적도 전체를 따라서 너비 120센티미터의 보행로를 만들 수 있을 정도입니다.

1931년에 네바다주와 애리조나주 협곡 사이를 흐르는 콜로라도강을 막아
댐을 건설하는 인류 최대의 불가사의한 공사가 시작되었습니다.
당시 미국은 대공황으로 어른 네 명 중 한 명이 일자리를 잃을 만큼 실업률이 높았습니다.
대공황 타개책으로 시작된 공사는 5년이 걸렸는데, 수만 명의 노동자들이 일자리를 얻었습니다.

1936년 댐이 다 지어지자 높이가 221미터이고, 너비가 379미터에 이르렀습니다.
후버댐에 저장된 물은 캘리포니아주 남부와 애리조나주, 네바다주 주민들이 쓸 전기를 만들어 줍니다.
또 미국 서부 지역의 식수와 산업 용수로 쓰이고, 콜로라도강 하류의 홍수를 조절해 줍니다.

처음에는 '불더댐'이라고 불렀으나,
공사를 시작한 허버트 후버 대통령을 기념하여 '후버댐'으로 바꿨습니다.
라스베이거스는 후버댐 노동자들에게 오락거리를 제공하면서 지금과 같은 유흥 도시로 발전했습니다.

강주아오 대교
남중국해

누가, 언제, 어디서 다리를 처음 만들었는지 우리는 알지 못합니다.
아득한 옛날 누군가, 강 건너편으로 가기 위해
나무 기둥을 강 위에 걸쳐 놓은 날, 다리가 처음 만들어졌을 것입니다!

오늘날 우리는 조상들이 만든 다리보다 훨씬 긴 다리를 세우고 있습니다!
세계에서 가장 긴 다리는 바다 위에 세운 강주아오 대교^{HZMB}입니다.
이 다리는 홍콩과 마카오, 중국 광동성의 주하이를 이어 주고 있습니다.

총 길이 55킬로미터에 달하는 이 다리는
큰 배가 지나갈 수 있도록 가운데에 6.7킬로미터의 해저터널을 뚫고
인공 섬 두 개를 만들었습니다.

이 다리는 2009년에 공사를 시작해서 2018년에 개통했는데,
22조 원이라는 엄청난 돈이 들어갔습니다.

중국은 이 대교를 통해 홍콩, 마카오, 광동성 9개 도시를 연결해
첨단 기술 중심의 단일경제권, 즉 미국의 실리콘밸리처럼 만들 계획입니다.

부르즈 할리파
아랍에미리트연합국 두바이

두바이는 아랍에미리트연방을 이루는 7개 토후국 중 하나입니다.
1958년 이후부터 중동의 막대한 오일 달러를 앞세워 물류·항공·관광 인프라를 갖춘
세계적인 중계 무역지로 발전하였습니다.

높이 828미터의 마천루 부르즈 할리파는 세계에서 가장 높은 건축물입니다.
부르즈는 아랍어로 '탑'이라는 뜻이며, '할리파'는 아랍에미리트의 대통령 이름에서 따왔습니다.

부르즈 할리파는 160층 건물로 2004년에 공사를 시작해서 2009년에 완공되었습니다.
한국의 삼성물산이 시공사로 참여해 3일에 1층씩 올린 최단 공법으로 세계의 주목을 끌었습니다.

부르즈 할리파에서 바라보는 전망과 야경,
높이 140미터까지 솟아오르는 분수는 특히 유명합니다.

다른 마천루들

옛날에는 거대한 사원과 궁전을 짓는 일이 인기가 있었다면 오늘날은 마천루입니다.
2050년이 되기 전까지 새로운 마천루가 수천 채 지어질 예정입니다.
마천루 건축 계획 중에는 높이가 1.5킬로미터(1,500미터)를 넘는 빌딩도 있습니다!

이것은 오늘날 가장 유명한 마천루들입니다.

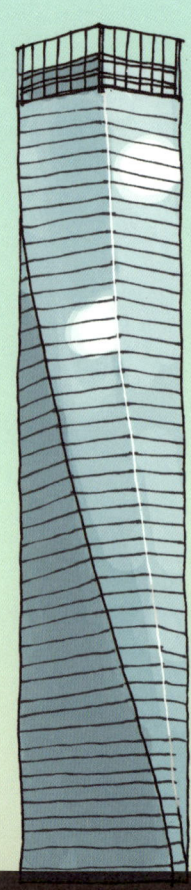

아랍에미리트연합국 두바이의 카얀 타워

세계에서 가장 큰 꽈배기 빌딩입니다.
높이가 310미터인 이 건물은 짓는 데 8년이 걸렸습니다.

말레이시아 쿠알라룸푸르의 페트로나스 타워

세계에서 가장 높은 쌍둥이 빌딩입니다.
각 빌딩은 88층이며 높이는 452미터입니다.
두 빌딩 사이를 연결하는 다리가
41층과 42층 사이에 있습니다.

미국 뉴욕시의 원 월드 트레이드 센터

541미터로 세계에서 여섯 번째로 높은 건물입니다.
프리덤 타워라는 이름으로도 알려진 이 마천루는
2001년 9월 11일 테러로 파괴된
세계무역센터 자리에 세워졌습니다.

국제 우주정거장

해돋이를 하루에 열여섯 번이나 본다고 상상해 보세요!
지구 둘레를 도는 우주 실험실 국제 우주정거장은 90분 만에 지구를 한 바퀴 돕니다!
달처럼 태양빛을 반사해서 빛을 내고, 지구에서 보면 태양, 달 다음으로 밝게 보입니다.

국제 우주정거장 International Space Station: ISS 은 인류의 우주 개발 역사에서 가장 위대한 건축물로, 월드컵축구장 크기의 구조물을 고도 400킬로미터의 지구 궤도에 조립한 것입니다. 인류 역사상 가장 큰 우주 비행체이자 가장 값비싼 건축물입니다.

국제 우주정거장은 1998년 러시아의 자랴 모듈 발사를 시작으로
공사의 막이 올라 2013년에 마무리되었습니다.

국제 우주정거장에는 세계 각지에서 온 여섯 명의 우주 비행사들이 살면서
우주의 물리현상을 밝히는 다양한 실험을 합니다.

국제 우주정거장에서 이루어지는 모든 연구는 달과 화성
그리고 더 멀리 미래의 우주여행에 중요합니다.

국제 우주정거장에 필요한 에너지의
일부는 거대한 태양 전지판
16장에서 나옵니다.

이따금 먹을 것과 연료, 장비를 실은
무인 화물 우주선이 국제 우주정거장에 옵니다.

기발한 건축물

건축가들은 때로 특별한 생각을 떠올립니다.
그 착상은 자연에서 영감을 받아 이루어집니다.

인도 뉴델리의 연꽃 사원

세계에서 가장 아름다운 건축물 중 하나인 이 사원은 흰 대리석으로 지었습니다.
27개의 흰 꽃잎으로 이루어진 연꽃 봉오리가 수면 위로 피어나는 모습입니다.
삶의 진창에서 피어나는 순수한 아름다움!
연꽃이 인도의 종교와 문화에서 구원의 상징으로 여겨지는 까닭입니다.
뉴델리의 바하이교 연꽃 사원은 1980년에 짓기 시작해서 1986년에 문을 열었습니다.

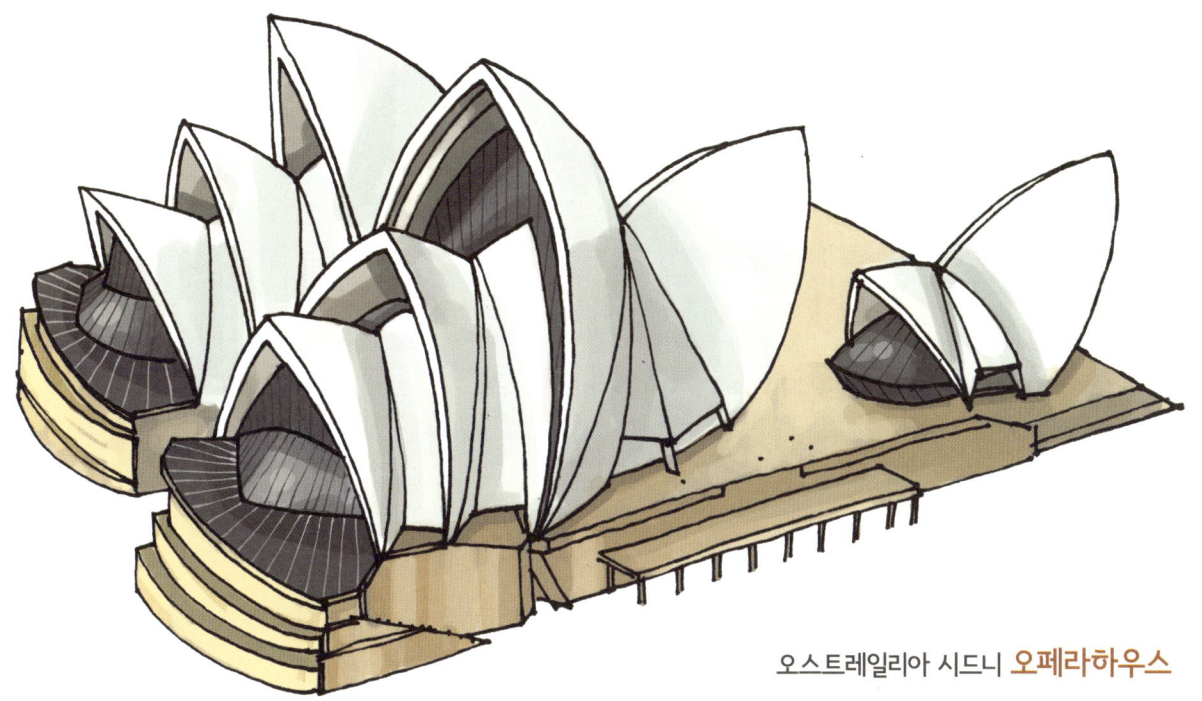

오스트레일리아 시드니 **오페라하우스**

이 오페라하우스는 구름과 조가비와 새의 날개에서 영감을 받았습니다.
1973년에 문을 열었지만, 짓기 시작한 것은 1959년부터입니다.

스페인 빌바오 **구겐하임미술관**

파도를 연상시키는 이 미술관은 쇠퇴해 가던 철강 도시 빌바오를 세계적인 관광지로 만들었습니다.
3만 3천 장의 티타늄 판으로 이루어진 미술관 외벽이 햇빛을 받아
반짝거리는 모습은 환상적일 만큼 아름답습니다.